STAR WARS

PENSE COMO YODA

Escrito por Christian Blauvelt

São Paulo
2023

Grupo Editorial
UNIVERSO DOS LIVROS

Sumário

O caminho Jedi para a plenitude

Você já teve aquela sensação de simplesmente não estar vivendo o momento presente? Você não está só. Todos nós sentimos isso de vez em quando. O estresse em relação ao trabalho, à família ou quanto ao futuro incerto de seu Padawan pode nos fazer sentir desconectados do universo. Ou talvez você tenha tirado o melhor proveito de uma situação ruim seguindo para o exílio autoimposto após 800 anos de trabalho duro, ajudando indivíduos talentosos a extraírem o máximo de si. Conforte-se com uma nova esperança: você não precisa ser um Mestre Jedi para encontrar paz e propósito na vida.

***Pense como Yoda* oferece lições valiosas sobre como conquistar a verdadeira plenitude. Você obterá conhecimento e sabedoria com os ensinamentos e o legado de um lendário Mestre Jedi – sem a necessidade do treinamento Padawan.**

BUSCANDO A ATENÇÃO PLENA

Atenção plena é simplesmente a busca do despertar da consciência – de sentir-se totalmente conectado às pessoas e aos lugares que nos cercam e nos unem. Trata-se de estar atento ao presente enquanto se assume o controle do próprio futuro. Isso o ajudará a se tornar o mestre de sua própria vida, como se você estivesse unido à Força – mesmo que não consiga erguer pedras com a mente.

"Limpe sua mente de perguntas."
Yoda

Liberte sua mente das distrações

A vida pode ser tão agitada: você fica preso no trânsito, seu telefone vibra com notificações a toda hora, seu jantar é interrompido por um X-wing caindo em seu pântano. Encontre um local tranquilo – o banco de um parque, um canto sossegado de sua nave estelar ou um espaço de meditação na cabana de barro de seu esconderijo –, feche os olhos e desfrute do prazer de simplesmente não fazer nada por alguns minutos.

“[...] seu foco determina
a sua realidade.”
Qui-Gon Jinn

Foque seus pensamentos

A ansiedade pode ser esmagadora. Talvez seja uma desconfortável e generalizada sensação de que sua vida – ou a própria Força – está desregulada. Ou talvez você esteja angustiado quanto à possibilidade de destruir o precioso submarino de seu chefe e acabar banido da cidade. Antes de ficar tão estressado quanto um Gungan perseguido por monstros marinhos, ofereça a si mesmo um minuto de quietude. Um momento de calma reflexão pode ser útil, não importa quão alta seja sua contagem de midichlorians.

"Respire. Apenas... respire."

Luke Skywalker

Pratique a respiração consciente

Às vezes, nós nos deixamos levar em demasia por nossa cabeça, o que nos deixa suscetíveis a um turbilhão de pensamentos – mesmo que nossa mente não esteja sendo sondada por um sujeito do lado sombrio sem camisa e de calças um pouco altas demais. Mas você não precisa de uma ilha isolada para encontrar a paz. Ignore os carros buzinando lá fora ou os porgs piando ao seu redor. Em vez disso, concentre-se em respirar lenta e profundamente até que se sinta calmo – simplesmente resista ao chamado telepático da caverna do mal perto de você!

"A Força está comigo.
E eu estou com a Força."

Chirrut Îmwe

Reflita sobre uma ideia

Você pode não estar enfrentando uma guerra civil intergaláctica ou o poder de fogo de uma superarma aniquiladora de planetas, mas a vida, mesmo assim, pode ser opressiva. Recitar um simples mantra começando com "eu sou" pode ajudar a alcançar o equilíbrio e se reconectar com o ambiente ao seu redor – mesmo que você não seja um Guardião dos Whills empunhando um arco de luz, nem seja capaz de acabar com um esquadrão de stormtroopers usando apenas uma bengala de madeira.

“Anakin, a oportunidade
está diante de você.
A decisão é só sua.”

Shmi Skywalker

Assuma o controle de sua jornada

Nem tudo o que você fará na vida será “épico”. Sua chance de transformar a galáxia seguindo em uma nova carreira pode significar deixar um ente querido para trás. O que realmente importa é o modo como você lida com as reviravoltas que o universo lança sobre você. Suas escolhas definem quem você é, mas, se escolher lutar contra seu Mestre em um lago de lava, você pode acabar se queimando – figurativa e literalmente.

SUPERANDO OBSTÁCULOS

Você nunca vai conseguir ir do improviso ao domínio Jedi sem alguns contratempos. Você pode se desviar do caminho nas primeiras dificuldades, quando ouvir um comentário maldoso ou quando enxergar o próprio rosto dentro da máscara do seu maior inimigo nas profundezas de uma caverna do lado sombrio. Mas lembre-se sempre de que nenhuma jornada segue uma linha reta.

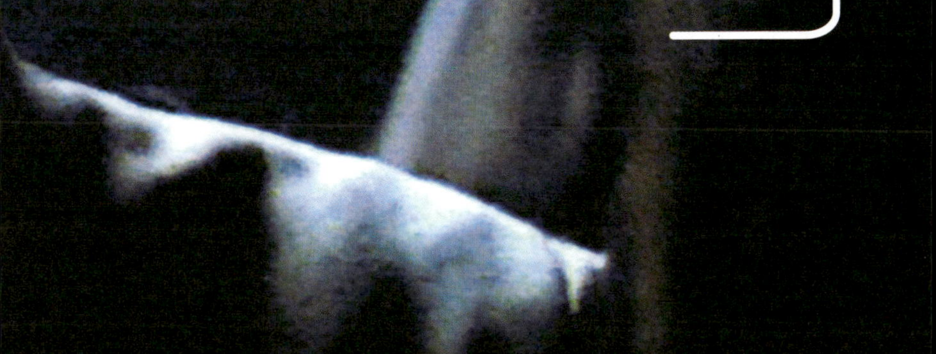

"Qualquer coisa é possível.
Me escuta, Padmé..."

Anakin Skywalker

Cuidado com absolutos

Cuidado com certezas equivocadas. É fácil deduzir que algumas coisas são inquestionavelmente verdadeiras – por exemplo, que os Jedi ocultam más intenções ou que a areia é áspera, irritante e merecedora de um ódio ardente. Mas somente um Sith acredita em absolutos. Não se volte contra seus amigos, mentores e tudo em que você sempre acreditou para obter respostas fáceis para perguntas difíceis – especialmente se elas vierem de um diabólico ser encapuzado que resolve todos os seus problemas lançando raios dos dedos.

"Para você, tudo é impossível.
Nada ouviu do que eu disse?"
Yoda

Acredite em suas habilidades

Uma boa dose de ceticismo é saudável, mas duvidar de si mesmo é autodestrutivo. Você pode não ter todas as respostas, mas talvez nem precise delas agora. Acredite que, com esforço aplicado e sereno, uma solução se apresentará – esteja você escolhendo qual universidade cursar, que trabalho deve aceitar ou provando a seu mentor (e a si mesmo) que a essência Jedi reside verdadeiramente em você. Desistir por frustração nunca é a resposta.

"[...] muitas das verdades a que nos apegamos dependem muito do nosso ponto de vista."

Obi-Wan Kenobi

Não seja muito duro consigo mesmo

O arrependimento pode ser tão profundo quanto um poço de sarlacc. No entanto, se o seu aprendiz se voltou contra você e varreu da existência toda a Ordem Jedi, não é difícil passar pela sua cabeça que ele poderia ter tido um mentor melhor. Dito isso, ficar obcecado com o que poderia ter sido não o levará a lugar algum. A maneira como você age *agora* exercerá um efeito muito maior sobre o curso dos eventos. E jamais perca a esperança – você ainda pode ter uma reunião etérea com aquele aprendiz rebelde durante uma animada celebração Ewok!

“Você cobra muito de si mesmo.”
Padmé Amidala

Seja realista com suas expectativas

Uma noção excessivamente exagerada de suas habilidades e de seu senso de valor pode ser desastrosa. Você pode sentir que os outros estão impedindo seu progresso: um professor lhe dá uma nota baixa; você não é o escolhido para uma promoção no trabalho; o título de Mestre lhe é negado, embora você já faça parte do Conselho Jedi. Mude o que puder e aceite o que não puder. Pior do que ter insegurança é sentir pena de si mesmo – isso pode atrapalhar tudo e você pode acabar se voltando para o lado sombrio da Força.

“Eu tô com um
mau pressentimento.”

Han Solo

Ouça seus instintos

Ter medo nem sempre é algo ruim. Se você estiver preso em um compactador de lixo com uma Dianoga nadando em volta de seus pés, o medo vai forçá-lo a descobrir uma saída. E se, de repente, você for puxado para uma arma de destruição em massa do tamanho de uma lua, não entre em pânico – nocauteie alguns stormtroopers, roube suas armaduras e prossiga com a missão. Bravura não é a ausência de medo, e sim sua reação construtiva a ele.

ENCONTRANDO MOMENTOS DE ATENÇÃO PLENA

Um poderoso guerreiro Sith pode estar golpeando com um sabre de luz o campo de força que separa vocês dois, mas, ainda assim, é possível encontrar serenidade e controlar sua reação à situação. Você pode ser a calmaria no olho do furacão que destrói tudo à sua volta.

"[...] concentre-se no agora."
Qui-Gon Jinn

Viva no presente

Valorize o aqui e agora, independentemente de estar nadando em direção a deslumbrantes cidades subaquáticas ou agarrando a língua de um sujeito atrapalhado de orelhas caídas. Pense em quando você esteve puramente envolvido no *agora*. Quem sabe aquela vez em que orientou um prodígio da corrida de pods ou quando resgatou uma rainha? Você provavelmente confiou em sua intuição em ocasiões assim. Remoer situações pode fazê-lo perder o foco no presente e sentir-se um observador da própria vida.

“O que você procura não está atrás de você... mas à sua frente.”

Maz Kanata

Não se prenda ao passado

Aprenda com o passado, mas não viva nele. Se uma pirata de mil anos de idade pode fazer isso, você também pode! Você pode almejar se recolher a uma vida de catadora em um ferro-velho no deserto, mas perderá novas oportunidades se ficar preso aos saudosos dias do passado. O passado é familiar e seguro, enquanto o presente é um passaporte para possibilidades inexploradas. Isso pode ser assustador, mas você nunca passará de catadora de sucata a Jedi sem lidar com o que está à sua frente.

"Toda vida olhou ele... para o futuro, para o horizonte... Nunca estava sua mente onde ele estava."

Yoda

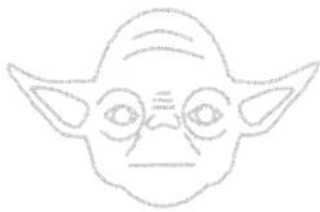

Planeje o futuro, mas não ignore o presente

Vale a pena pensar sobre suas metas e como você pode alcançá-las, mas não deixe que o planejamento o absorva de tal maneira que o faça esquecer-se de agir. Você nunca deixará a fazenda de umidade e encontrará seu destino entre as estrelas se passar todo o tempo sonhando e não realizando. Mas seja flexível quanto às suas metas – seu sonho pode se revelar diferente de tudo o que você esperava.

“Está sendo negativo, Anakin.
Seja cauteloso com seus pensamentos.”
Obi-Wan Kenobi

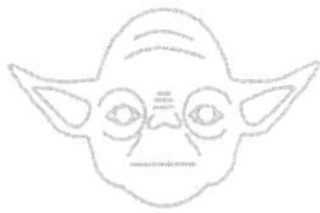

Supere seus pensamentos negativos

Todos nós temos pensamentos perturbadores. Talvez você se sinta cada vez mais ressentido em relação ao seu mentor porque acha que está sendo impedido de aproveitar todo o seu potencial. Simplesmente não permita que suas divagações sombrias o consumam, ou você pode acabar com um "Darth" antes do seu nome. Em vez disso, concentre-se em alinhar seus pensamentos e suas ações para atingir seus objetivos. Você não precisa da Força para acentuar o positivo e realizar seus sonhos.

“Rebeliões têm como base a esperança.”

Jyn Erso

Tenha fé de que a mudança é possível

Esqueça os torpedos de prótons – a maior arma contra o Império é a esperança de que o bem sempre prevalecerá. No entanto, sentir que as coisas vão dar certo em momentos de grande estresse é difícil – ainda mais se você acha que tem que resolver tudo sozinho depois de ser abandonado tanto por seu pai quanto por seu mentor guerrilheiro. Encontre conforto em seus amigos e saiba que não está sozinho nisso – depois, reforce sua esperança por meio da ação.

DESPERTANDO SEU POTENCIAL

É importante encontrar formas de evitar viver "um dia de cada vez" recolhendo sucata em troca de migalhas. Não fique tão envolvido com suas responsabilidades diárias a ponto de fugir da chance de expandir seus horizontes – e suas habilidades. Se você aproveitar essa oportunidade, não estará meramente sobrevivendo, mas prosperando.

“Tava achando
que eu ia fugir?”
Han Solo

Encare com coragem novos desafios

Algo inesperado pode aparecer em seu caminho – você pode ser demitido, enfrentar o rompimento de um relacionamento ou subitamente se deparar com um cruzador Imperial quando estiver contrabandeando um carregamento de especiarias. Uma surpresa pode ser intimidatória, mas não jogue fora sua carga e saia correndo – fugir de um revés quase nunca o resolve. Assuma o controle de seus problemas em vez de deixar que eles o controlem e, assim, não acabará como um objeto de decoração na parede de um Hutt.

“Realmente maravilhosa a mente de uma criança é.”

Yoda

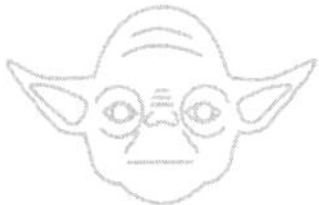

Celebre o poder dos momentos de distração

Se você está se sentindo esgotado pelas responsabilidades, pode ser difícil encontrar equilíbrio. Tente acrescentar um pouco de diversão ao seu dia: abra aquele vídeo on-line que o faz gargalhar, ensine algo novo a um jovem aprendiz ou dê uma volta na mochila daquele seu aluno em treinamento. Quando se é criança, brincar não só é divertido como também nos ajuda a aprender coisas novas, a desenvolver novas habilidades e a nos mantermos ativos. Um Jedi também pode se divertir – só procure não golpear a cabeça de um droide quando ele tentar pegar de volta a sua lanterna.

"[...] agora... a pedra... sinta-a... concentre-seee!"
Yoda

Não negligencie seu corpo

Seres luminosos somos, mas também não podemos descuidar de nossa matéria bruta. Malhar na academia ou treinar em um pântano com um personal trainer nas costas pode ajudá-lo a se concentrar em seu estado corporal. Sua saúde mental e espiritual depende de sua saúde física. Exercícios revigoram sua mente, seu corpo e seu espírito – ainda que erguer pedras com o poder da mente enquanto se planta bananeira seja tão difícil quanto parece.

“Não sabia que tinha tanto verde assim em toda a galáxia.”

Rey

Aprecie a beleza ao seu redor

Às vezes, você precisa estacionar seu cinismo ao lado de seu speeder. Mesmo uma catadora de sucata desiludida pode encontrar esplendor em um pôr do sol no deserto de seu desolado planeta natal. Aprenda a valorizar os prazeres inesperados de uma caminhada no parque, uma visita a uma galeria de arte ou ao aterrissar em um planeta inacreditavelmente verdejante. Um pouco de beleza pode revigorar seu espírito e inflamar sua imaginação como um sabre de luz ganhando vida.

"Olha com atenção."

Rose

Coloque-se no lugar do outro

Olhe além de suas próprias preocupações para enxergar as coisas da perspectiva de outra pessoa. Um pouco de empatia ajuda muito, especialmente se você trilhou uma inusitada jornada ao se transformar de stormtrooper em herói da Resistência. Mas não pense que você sabe de tudo. Dar uma boa olhada em como crianças trabalhando em um estábulo sobrevivem em um planeta de cassinos reluzentes pode ajudá-lo a ver que a vida não é só alegria. Você logo perceberá que não é o centro da galáxia.

LIBERTANDO SEU PODER

E se você não conseguir reconhecer que alguém próximo está flertando com o lado sombrio, apesar de avisar a todos sobre o retorno da tirania galáctica? Erros acontecem, mas o verdadeiro poder reside em perceber suas falhas, aprender com elas e seguir em frente.

"[...] Faça. Ou não faça. Tentativa não há."

Yoda

Aceite a mudança e o desconhecido

Ninguém sabe onde vai parar na vida ou como vai chegar lá. Seus sonhos podem moldar seu curso de ação, mas a vida envolve contínuos saltos no escuro. Não recorra a velhos hábitos e apostas seguras – se você quer fazer a diferença, deve se comprometer totalmente com o novo. Até mesmo um Mestre Jedi pode se recusar a treinar um novo aprendiz por medo de repetir os erros do passado. E, se a fé move montanhas, você *consegue* tirar aquele X-wing do pântano com sua mente.

“Ninguém nunca se vai realmente.”

Luke Skywalker

Dê vazão a seus sentimentos em tempos difíceis

Todos nós passamos por tragédias na vida: você pode ter perdido um ente querido, enfrentado o fim de um relacionamento ou testemunhado seu Padawan destruir seu templo. Se um Mestre Jedi e sua irmã são capazes de refletir sobre o que perderam enquanto a Primeira Ordem sitia seu santuário, você também é capaz de dar a si mesmo tempo para lamentar. E, ao encarar sua dor, você pode começar a superá-la. A luz no fim desse túnel sombrio pode ser nada mais, nada menos do que a *Millennium Falcon* chegando para resgatá-lo.

“Passe adiante
o que aprendeu...”
Yoda

Compartilhe o conhecimento adquirido

De que adianta ser um mestre se ninguém mais se beneficia do que você aprendeu? Ensinar outra pessoa – seja seu próprio filho, seja uma sala de aula de jovens aprendizes, seja um aspirante a Padawan obstinado que não gosta de sua comida – é uma das maneiras mais gratificantes de encontrar um propósito na vida. É possível até descobrir que, ao educar outra pessoa, você mesmo acaba aprendendo bastante no processo.

"Não tem nenhum campo de energia mística controlando o meu destino."

Han Solo

Não deixe nada controlar você

Domínio sobre si mesmo significa libertar-se do que quer que possa controlá-lo. Talvez haja um lado bom em ser caçado por um Hutt: aceitar passageiros por alguns créditos extras pode oferecer a você uma chance de se reinventar. No entanto, ser um agente verdadeiramente livre também significa renunciar à necessidade de estar sempre no controle – uma necessidade que é tão restritiva quanto a carbonita. Uma vez que nada tenha poder sobre si, você será seu próprio mestre. Mas não deixe que isso lhe suba à cabeça – o destino pode ter lhe reservado outros planos.

"A maior professora
a falha é."

Yoda

Não tenha medo de falhar

Não tenha tanto medo de errar a ponto de se afastar de tudo e preencher seus dias com longas caminhadas, pesca e ordenha de estranhas criaturas marinhas. Como aproveitar sua vida em uma ilha idílica se todos os que você ama estão em perigo? A ação deve prevalecer sobre a reflexão quando o momento pedir. Você pode ter sucesso, mas tudo bem se falhar – seja como for, você nunca saberá o resultado se não parar de se preocupar e começar a agir. Esse é o dever de um mestre.

Diretor editorial
Luis Matos

Gerente editorial
Marcia Batista

Assistentes editoriais
Letícia Nakamura
Raquel F. Abranches

Tradução
Guilherme Summa

Preparação
Ricardo Franzin

Revisão
Felipe CF Vieira
Nathalia Ferrarezi

Arte
Renato Klisman

Dados Internacionais de Catalogação na Publicação (CIP)
Angélica Ilacqua CRB-8/7057

B584s

Blauvelt, Christian
Star Wars : pense como Yoda : reflexões de uma galáxia muito, muito distante / Christian Blauvelt ; tradução de Guilherme Summa.
-- São Paulo : Universo dos Livros, 2023.
64 p.

ISBN 978-65-5609-605-6
Título original: *Be more Yoda: mindful thinking from a galaxy far far away*

1. Autoajuda 2. Desenvolvimento pessoal 3. Yoda – Personagem fictício
I. Título II. Summa, Guilherme

23-4905 CDD 028.5

Universo dos Livros Editora Ltda.
Avenida Ordem e Progresso, 157 — 8º andar — Conj. 803
CEP 01141-030 — Barra Funda — São Paulo/SP
Telefone: (11) 3392-3336
www.universodoslivros.com.br
e-mail: editor@universodoslivros.com.br